BEI GRIN MACHT SICH IHR WISSEN BEZAHLT

- Wir veröffentlichen Ihre Hausarbeit,
  Bachelor- und Masterarbeit

- Ihr eigenes eBook und Buch -
  weltweit in allen wichtigen Shops

- Verdienen Sie an jedem Verkauf

Jetzt bei www.GRIN.com hochladen
und kostenlos publizieren

Bibliografische Information der Deutschen Nationalbibliothek:

Die Deutsche Bibliothek verzeichnet diese Publikation in der Deutschen National-
bibliografie; detaillierte bibliografische Daten sind im Internet über http://dnb.d-
nb.de/ abrufbar.

Dieses Werk sowie alle darin enthaltenen einzelnen Beiträge und Abbildungen
sind urheberrechtlich geschützt. Jede Verwertung, die nicht ausdrücklich vom
Urheberrechtsschutz zugelassen ist, bedarf der vorherigen Zustimmung des Verla-
ges. Das gilt insbesondere für Vervielfältigungen, Bearbeitungen, Übersetzungen,
Mikroverfilmungen, Auswertungen durch Datenbanken und für die Einspeicherung
und Verarbeitung in elektronische Systeme. Alle Rechte, auch die des auszugsweisen
Nachdrucks, der fotomechanischen Wiedergabe (einschließlich Mikrokopie) sowie
der Auswertung durch Datenbanken oder ähnliche Einrichtungen, vorbehalten.

Impressum:

Copyright © 2015 GRIN Verlag, Open Publishing GmbH
Druck und Bindung: Books on Demand GmbH, Norderstedt Germany
ISBN: 9783668342095

Dieses Buch bei GRIN:

http://www.grin.com/de/e-book/343650/analyse-zur-umsetzung-von-bestellregeln-
der-vorratsergaenzung-mit-hilfe

Timo Guenter

Analyse zur Umsetzung von Bestellregeln der Vorratsergänzung mit Hilfe der Materialbedarfsplanung in SAP R/3 ERP

GRIN Verlag

GRIN - Your knowledge has value

Der GRIN Verlag publiziert seit 1998 wissenschaftliche Arbeiten von Studenten, Hochschullehrern und anderen Akademikern als eBook und gedrucktes Buch. Die Verlagswebsite www.grin.com ist die ideale Plattform zur Veröffentlichung von Hausarbeiten, Abschlussarbeiten, wissenschaftlichen Aufsätzen, Dissertationen und Fachbüchern.

Besuchen Sie uns im Internet:

http://www.grin.com/

http://www.facebook.com/grincom

http://www.twitter.com/grin_com

Analyse zur Umsetzung von Bestellregeln der Vorratsergänzung mit Hilfe der Materialbedarfsplanung in SAP R/3 ERP

Timo Günter
Studiengang: Wirtschaftsinformatik

1. Projektarbeit
Thema: Analyse zur Umsetzung von Bestellregeln der Vorratsergänzung mit Hilfe der Materialbedarfsplanung in SAP R/3 ERP.

Eingereicht: 16. November 2016

Fakultät Wirtschaft
DHBW Ravensburg
Marienplatz 2
88212 Ravensburg

Inhaltsverzeichnis

Abbildungsverzeichnis

Tabellenverzeichnis

Abkürzungsverzeichnis

APICS	American Production and Inventory Control Society
APS	Advanced Planning System
BOM	Bill of material
bspw.	beispielsweise
ERP	Enterprise Resource Planning
et al.	et alii
engl.	Englisch
ERP	Enterprise Resource Planning
FIFO	First-in-First-out
ggf.	gegebenenfalls
Hrsg.	Herausgeber
i.d.R.	in der Regel
MRP	Material Requirements Planning
MRP II	Manufacturing Resource Planning
PPS	Produktionsplanungs- und Steuerungssystem
sog.	sogenannt

1 Einleitung

Inwieweit treffen theoretische Modelle im Rahmen der Materialbedarfsplanung realitätsnahe Aussagen? Lassen sich diese Modelle zudem in der Praxis umsetzen? Um diese Fragen zu beatworten, werden verschiedene Bestellregeln im Rahmen der Materialbedarfsplanung zusammengetragen und auf ihre strukturellen Merkmale hin untersucht. Die vorliegende Arbeit soll somit einen Einblick dahingehend geben, in welcher Weise theoretische Modelle der Vorratsergänzung mit Hilfe von Bestellregeln die Realität beeinflussen.

Die Materialbedarfsplanung im Bereich der Logistik stellt einen kleinen und standardisierten Bereich der operativen Planung dar. Diese Form der Planung findet Anwendung in vielen verschiedenen Unternehmungen. Die Materialbedarfsplanung stellt eine wichtige Methode für die Realisierung einer kostenoptimalen Materialversorgung dar. So soll im Optimum stets nur so viel Material vorhanden sein, wie es kurzfristig benötigt wird.

In dieser soll daher Arbeit untersucht werden, inwiefern sich in der Theorie entwickelte Bestellregeln in Praxis realitätsnah umsetzen lassen. Weiter soll analysiert werden, ob die in der Theorie entwickeln Modelle tatsächlich auch in der Praxis ein Verhalten aufweisen, wie es theoretisch erwartet wird. Insbesondere soll es durch den Einsatz von SAP R/3 ermöglicht werden, das Verhalten eines Modells in einem Praxisbeispiels zu untersuchen. Diese Analyse soll die Lücke zwischen Theorie und Praxis bewerten.

Vorerst wird eine kurze Einführung in das Grundverständnis logistischer Systeme gegeben und grundlegende Begrifflichkeiten der Materialbedarfsplanung erläutert. Weiter erfolgt eine Klassifizierung und sachlogische Zuordnung von Bestellregeln im Kontext der Materialbedarfsplanung. Im Anschluss daran folgt das Praxisbeispiel mittels SAP R/3. Der stattfindende Brückenschlag zwischen Theorie und Praxis soll den Leser künftig in die Lage versetzen eine einfache Materialbedarfsplanung in SAP eigenständig anzuwenden und die gewonnen Ergebnisse auszuwerten. Letztendlich erfolgt eine kritische Würdigung der Bestellregeln unter Berücksichtigung von Theorie und Praxis.

2 Grundverständnis logistischer Systeme

Es gibt eine Vielzahl von Definitionen für den Begriff Logistik, welche an seiner Stelle verwendet werden (vgl. Pfohl, 1972, S. 17ff.; Behrendt, 1977, S. 23ff.; Kapoun, 1981, S. 123ff.; Dogan, 1994, S. 25ff.; Isermann, 1998a, S. 21ff. und die dort aufgeführte Literatur). Innerhalb dieser Arbeit soll Logistik kann als ein systematischer Ansatz zur Optimierung von Fließsystemen verstanden werden. Zu den diesen Fließsystemen zählen vor allem sog. Materialflusssysteme, welche über einzelne Systemgrenzen hinaus Anwendung finden.

In einem breiten Bereich an Definitionen wird die Rolle der Logistik als Forschung und Lehre der Planung, Organisation und Kontrolle solcher Fließsysteme beschrieben. Dabei soll die Logistik alle Arten der Güterbewegung erfassen. Diese Erfassung beginnt mit der Beschaffung, geht über die Produktion, bis hin zum Absatz der Güter. Weiter existieren je nach Ausrichtung unterschiedliche Definitionen der Logistik, auf welche aber in der folgenden Arbeit nicht näher eingegangen werden soll, da sie nicht im Fokus diese Arbeit liegen (vgl. Pfohl, 2010 12 ff.).

Der Fokus dieser Arbeit soll auf dem Materiafluss innerhalb der Fließsysteme liegen. Entsprechend sollen die sog. „6R""s" der Logistik hervorgehoben werden. Durch „6Rs" der Logistik sollen die Ziele der Logistik dargestellt werden, und zwar als die Lieferung der richtigen Ware zum, richtigen Zeitpunkt, in der richtigen Zusammensetzung, und der richtigen Qualität, am richtigen Ort, zu dem richtigen Preis (vgl. Wannenwetsch, 2009, S.30).

Trotz der starken Simplifizierung besitzt dieser Leitsatz eine große Verbreitung. Der Begriff „Richtig" soll in diesem Kontext eine seitens des Kunden erwartete Eigenschaft im Sinne von bestellt, gefordert, erwartet und mit minimalen Kosten erhalten, sein (vgl. Hompel/Schmidt, 2007, S. 10 ff.)

Weiter sind Materialwirtschaft, Produktionsplanung und -steuerung in Produktionsunternehmen historisch gewachsene Begriffe und Aufgabengebiete, die sich durchdringen und auch zum Teil auch ergänzen. Nachfolgend werden diese Begriffe definiert und gegeneinander abgegrenzt (vgl. Eversheim/Schuh, 1996, S. 14-1 ff.).

Die Materialwirtschaft ist primär betriebswirtschaftlich ausgerichtet. Dabei liegt ihre Aufgabe in der Beschaffung, Bevorratung und Bereitstellung. Ebenso spielt aber auch die Entsorgung der Güter einer Unternehmung eine wichtige Rolle. Unter Material sollen in dieser Arbeit Roh-, Hilfs-, Betriebsstoffe, Zulieferteile und Handelswaren verstanden werden (vgl. Hachtel/Holzbaur, 2010, S. 75).

Aufgrund der stetig wachsenden Produktvielfalt im Rahmen der Auftragsabwicklungsprozesse wurde eine Produktionsplanung und –steuerung immer wichtiger. Dabei zielt sie im Wesentlichen auf das Planen, Initiieren, Kontrollieren sowie Anstoßen von Maßnahmen bei nicht gewünschten Abweichungen, ab. Das Hauptaugenmerk liegt dabei auf sowohl Vertriebs- als auch konkrete Kundenaufträge von der Angebotsbearbeitung bis zur Lieferung unter Berücksichtigung von Mengen-, Termin- und Kapazitätsaspekten. Häufig wird, wenn von einem Softwaresystem zur Unterstützung der Aufgaben der Produktionsplanung und -steuerung die Rede ist, die Abkürzung PPS für das Thema Produktionsplanung und -steuerung verwendet (vgl. Schuh/Schmidt, 2014, S. 9 ff.)

3   Einführung in die Materialbedarfsplanung

Im Rahmen der Unterstützung von Produktionsplanung und Lagerhaltung wird ein Kontrollsystem verwendet, das System der Materialbedarfsplanung oder engl. Material Requirements Planning

(MRP). MRP wurde Anfang der 1960er Jahre in USA als eine computerisierte Abbildung für die Planung von Materialbestellungen entwickelt. Es ist ein Steuerungssystem, das darauf abzielt einen ausreichenden Lagerbestand vorzuhalten und dabei sicherzustellen, dass die benötigen Materialien bei Bedarf zur Verfügung stehen. Weiter findet MRP Anwendung bei der Verwendung von unterschiedlichen Materiellen, welche sich in komplexen Stücklisten befinden (vgl. Kurbel, 2013, S. 19ff.).

3.1   Material Requirements Planning

Orlicky publizierte 1975 diese Technik in seinem Buch. Zwar wurde die Systematik der Materialbedarfsplanung bereits vor seiner Veröffentlichung durchgeführt worden. Allerdings bekundete Orlickly, dass mit Hilfe eines Computers eine umfangreiche Durchführung der Technik möglich wäre, mit der eine effektive Planung von Bestandsveränderungen möglich sei (vgl. Browne et al, 1988, S.89).

Gleichzeitig zählen zu den wichtigsten Zielen eines MRP-Systems:
- Die Sicherstellung der Verfügbarkeit von Materiellen, Halbfertigwaren und Fertigwaren für die geplante Produktion und die Lieferung an den Kunden,
- Das niedrigstmögliche Niveau des Lagerbestandes pflegen,
- Planung der Fertigungsaktivitäten, der Lieferpläne sowie der Einkaufsaktivitäten.

Weiter eignet sich MRP besonders gut dazu um Einstellungen in der Fertigung zu tätigen, wo sich die Nachfrage nach vielen verschiedenen Bestandteilen in Abhängigkeit von externen Anforderungen darstellt (vgl. Adam, 1998, S.597-606).

Der Ausgangspunkt der Materialbedarfsplanung ist die erwartete Nachfrage für das zu ausstehende finale Produkt. Weiter zielt ein MRP-System darauf ab, dass innerhalb eines mehrstufigen Produktionssystems, die Menge aller Güter zu bestimmen, welche aus unterschiedlichen oder gleichen Materiellen innerhalb eines Planungshorizonts zu produzieren sind, damit die Durchlaufterminierung für die zusammenpassenden Produktion und Beschaffung durchgeführt werden kann. Für die Entwicklung eines umfangreichen Produktion- und Beschaffungszeitplan, sind bestimmte statische und dynamische Informationen von essentieller Bedeutung. Zu den statischen Informationen zählen zum einen die Stückliste (engl. Bill of Material/BOM) und zum anderen die prognostizierte Auftragszeit für die Produktion oder die Bestellung von Materialien innerhalb der Stückliste. Dynamischen Daten beschreiben hingegen Daten, welche eine zeitorientierte Anforderung besitzen, bspw. bei zu erwartenden Aufträgen, welche noch nicht eingegangen sind aber den Lagerbestand beeinflussen werden (vgl. Heisig, 2002, S. 7).

Nach Wallace und Kremzar sucht MRP Antworten auf die folgenden Fragen:

- Was soll hergestellt werden?
- Wie setzt sich der Lagerbestand zusammen?
- Welches Material wird benötigt?
- Welches Material soll vorgehalten werden?

Diese Fragen werden als universale Fertigungsgleichung bezeichnet. Diese Logik findet Industrieübergreifend Anwendung. Durch MRP soll versucht werden diese universale Fertigungsgleichung aufzulösen (vgl. Wallace/Kremzar, 2001, S.6).

Zu Beginn hatten MRP-Systeme nur die Funktion, die Berechnung für die Planung zu vereinfachen. Solche einfachen Systeme, welche ausschließlich simple Auftragsplanungen innerhalb der Hauptproduktionsprogrammplanung durchführten bildeten die Grundlage der heutigen MRP II- und ERP-Systeme.

3.2   Manufacturing Resource Planning

Die Weiterentwicklung von MRP ist das von Oliver Wight entwickelte MRP-II-Konzept. Bei diesem Konzept handelt es sich um ein integriertes Gesamtsystemsystem, welches auf einem in sich geschlossenen Kreislauf basiert(vgl. Hopp, 2004, S.2).

Die Idee von MRP II ist eine auf oberster Managementebene startende, holistische markt- und ressourcenorientierte Planung der Absatz-, Produktion- und Bestandsmengen. Dabei ist der MRP-II Prozess eng mit der Unternehmensstrategie verbunden (vgl. Schumacher, 1994, S. 17 ff.).

Das MRP-II-Konzept sieht grundsätzlich Rückkopplungen von höheren Planungsebenen auf niedrigere Planungseben vor. So soll eine kontinuierliche und sichere Planung ermöglicht werden. So ist z.B. die Programmplanung zu verändern, falls sich die zur Herstellung des Produktionsprogramms notwendige Kapazität nicht ausreicht (vgl. Kurbel, 2003, S. 112).

Dabei fokusiert sich die Weiterentwicklung von MRP auf MRP-II vor allem auf die Absatz- und Produktionsplanung: Eine Prozess, um Angebot und Nachfrage am Volumenniveau auszugleichen. Dadurch soll das Top Management eine bessere Kontrolle der operativen Tätigkeit erhalten. Weiter soll es durch die Schnittstelle zum Finanzwesen ermöglicht werden, den operativen Plan in den finanziellen Kontext zu setzen.

An dieser Stelle soll die Manufacturing Ressource Planning definiert werden. Von der American Production and Inventory Control Society (APICS) wird MRP-II wie folgt definiert: "MRP-II ist eine Methode um alle Ressourcen eines Produktionsunternehmens zu planen. Zur Beantwortung der Frage „Was wäre wenn?" verfügt sie über Simulationsfähigkeiten. MRP-II besteht aus einer Anzahl miteinander verknüpfter Funktionen: Der Geschäftsplanung, Absatz- und Vertriebsplanung,

Produktionsplanung und Fertigungsplanung für Material und Kapazität. Die Ergebnisse dieser Systeme sind eingebunden in den Geschäftsplan, Beschaffungsplan, den Transportkostenplan und die Bestandshochrechnungen)", (APICS, 1998 zitiert in: Wallace/Kremzar, 2001, S. 10).

3.3   Enterprise Ressource Planning

In den 90er Jahren fand ein betriebswirtschaftlicher Paradigmenwechsels von der funktionsorientierten Aufbauorganisation zur prozessorientierten Ablauforganisation statt. Infolge dessen entstand die Anforderung eine computergestützte Integration aller Funktionsbereiche einer Unternehmung zu integrieren. Somit bezeichnet nach Stahlknecht/ Hasenkamp ein Enterprise Resource Plannung-System (ERP-System) als ein integriertes Informationssystem, das die produktionsbezogenen Funktionalitäten des MRP-II Ansatzes auf alle Kernbereiche der Unternehmung erweitert und in einem holistischen Ansatz vereint (vgl. Stahlknecht/Hasenkamp, 2005, S.326 f.).

Durch Advanced Planning Systems (APS), mit denen sich ERP-Systeme in verschiedenen Modulen ergänzen lassen, wird der Versuch unternommen, unter Einsatz heuristischer Optimierungsverfahren den Schwächen des MRP-Konzepts entgegenzuwirken und eine kapazitätsorientierte Planung zu unterstützen (vgl. Gotzel, 2008, S. 14f.).

Bis heute hat sich allerdings noch keine einheitliche Definition in der Literatur durchgesetzt. So soll innerhalb dieser Arbeit ERP als innerhalb dieser Arbeit nach Hesseler/Görtz (2007) unter einem ERP-System: „Eine integrierte Software verstanden werden, die auf Basis standardisierter Module alle oder wesentliche Teile der Geschäftsprozesse einer Unternehmung aus betriebswirtschaftlicher Sicht informationstechnisch unterstützt. Die zur Verfügung stehenden Systemfunktionalitäten liefern dabei aktuelle Informationen auf Basis der erfassten und verarbeiteten Daten und ermöglichen hierdurch eine unternehmensweite Planung, Steuerung und Kontrolle" verstanden werden.

4   Grundbegriffe im Rahmen der Materialbedarfsplanung

Grundsätzlich geht es in der Materialbedarfsplanung um die Planung des Materialbedarfes. Daher soll in dem folgenden Abschnitt grundlegende Begriffe aus dem Umfeld der Materialbedarfsplanung erläutert werden. Diese Erläuterung soll dem Leser dazu dienen sich grundlegende Begriffe sachlogisch in einzuordnen.

4.1   Materialbedarfsarten

Wie die Aufgabe der Bedarfsermittlung aufgefasst wird, ist im Wesentlichen Abhängig von der Art des Bedarfs (vgl. Hartmann, 2002, S. 275ff).
Dieser ermittelte Bedarf dient als Grundlage für alle Aktivitäten, im Rahmen des Beschaffungsprozesses. Dabei soll unter dem Bedarf die Menge von Materialien bzw. von Erzeugnissen verstanden, welche in einem bestimmten Zeitraum an produzierende Einheiten der

Unternehmung abgegeben werden. So wird der Bedarf ermittelt, um das auf Kundenaufträgen oder wahrscheinlichem Absatz von Materialien und Erzeugnissen basierte Fertigungsprogramm, mengen- und termingerecht zu erfüllen (vgl. Bichler 2001, S. 84ff).

Dabei werden Materialbedarfsarten nach Ursprung und Erzeugnisebene in Primärbedarf, Sekundärbedarf und Tertiärbedarf unterteilt. Weiter wird dabei der Zusatzbedarf sowie die die Lagerbestände, unterteilt und Brutto- und Nettobedarf, berücksichtigt.

Primärbedarf	-Erzeugnisse, Gruppenteile, Ersatzteile und Waren -Ergibt sich aus Absatzplan, Produktionsplan Kundenaufträgen -Beispiele: PKW, Waschmaschine, Kleidung
Sekundärbedarf	-Werkstoffe, Rohstoffe, Einzelteile und Baugruppen -Notwendig zur Fertigung des Primärbedarfes -Beispiele: Aluminium, Granulat, Bleche, Holz
Tertiärbedarf	-Hilfs- und Betriebsstoffe und Verschleißwerkzeuge -Beispiele: Öle, Schmierstoffe, Energie

Tabelle 1: Materialbedarfsarten (vgl. Wannenwetsch 2010, S.28)

4.2 Brutto- und Nettobedarf

Der Bruttobedarf wird als Bedarf an einem Gut ohne Rücksichtnahme auf den vorhandenen Bestand des Lagers beschrieben(vgl. Oeldorf/Olfert, 2008, S.142-145).

Dieser Bedarf wird als Rahmen für eine langfristige Bedarfsplanungen verwendet. Eine exakte Ermittlung des Materialbedarfs ersetzt dies jedoch nicht. Der Bruttobedarf wird, wie in Formel 1 zu sehen ist, berechnet.

$$Bruttobedarf = Sekundärbedarf + Zusatzbedarf$$

Formel 1: Bruttobedarf (vgl. Oeldorf/Olfert, 2008, S.140)

Der Sekundärbedarf ist das Ergebnis aus Primärbedarf und der Anzahl der Artikel innerhalb des Lagers. Weiter beschreibt der Zusatzbedarf den ungeplanten Bedarf, welcher seine Entstehung im Nebenbedarf und im Bedarf an geforderten Erzeugnisse sowie im Nebenbedarf und durch Minderlieferung, hat.

Den Beschaffungsbedarf an zu bestellenden Materialien wird als Nettobedarf bezeichnet. Die Berechnung des Nettobedarfs erfolgt wie in Formel 2 beschrieben. Dabei handelt es sich bei Vormerkbestände um die Bestände, die aufgrund der Disposition bereits für andere Auftrag reserviert sind (vgl. Oeldorf/Olfert, 2008, S. 140-141).

$$Nettobedarf = Bruttobedarf - Bestellbestände + Vormerkbestände$$

Formel 2: Nettobedarf (Oeldorf/Olfert, 2008, S.141)

4.3 Grundprinzipien des Materialbestands

Das Ziel der Bestandsführung ist es für die Unternehmung eine rechtzeitig terminierte Bereitstellung von Materiellen zu gewährleisten. Dabei gilt es den Bedarf so zu errechnen und zu definieren, dass entsprechende Materiellen in der gewünschte Menge und der gewünschten Qualität zur Verfügung stehen. Dabei muss das richtige Material, zum richtigen Zeitpunkt, in der richtigen Menge und Qualität, am richtigen Ort und zu den optimalen Kosten bereitgestellt werden (vgl. „6R der Logistik" aus Kapitel 2). Dennoch gibt der Bedarf noch keine Aussage über die zu beschaffende Menge. So sind bei der Planung der Bestände unterschiedliche Faktoren zu berücksichtigen.

4.3.1 Sicherheitsbestand

Nach Ehrmann (2008, S.277 ff.) wird der Sicherheitsbestand auch eiserner Bestand oder auch Reservestrand genannt, als der Bestand an Material beschrieben, welcher im Allgemeinen nicht für die Fertigung zur Verfügung steht. Bei der Erreichung des Sicherheitsbestandes hat die erwartete Lieferung spätestens einzutreffen. So basiert der Sicherheitsbestand auf dem durchschnittlichen Verbrauch an Materiellen in einer definierten Periode. Empfohlen wird für den Sicherheitsbestand ein Anteil von etwa 5-10% des durchschnittlichen Lagerbestands. Allerdings kann der Sicherheitsbestand bei kurzen Lieferzeiten (Just-in-Time, Just-in-Sequence) auch nur 1–2 Tage oder 4–8 Stunden betragen. Der Sicherheitsbestand wird häufig mit Hilfe grober Näherungsrechnungen ermittelt:

$$Sicherheitsbestand\ =\ durchschn. Verbrauch\ pro\ Periode\ *\ Wiederbeschaffungszeit$$
$$Sicherheitsbestand\ =\ 10\%\ -\ 20\%\ des\ durchschn. Lagerbestands$$

Formel 3 Sicherheitsbestand (Wannenwetsch, 2010, S.6)

Das Entscheidungsproblem der Vorratssicherung, also der Definition des Sicherheitsbestandes ist ebenfalls durch einen Zielkonflikt gekennzeichnet, der bei der Festlegung des Sicherheitsbestandes auftritt. Denn je größer der Sicherheitsbestand ist, desto größer sind die durch ihn verursachten Lagerhaltungskosten.

4.3.2 Meldebestand und Bestellpunkt

Unter Meldebestand oder auch Bestellpunkt genannt wird der Bestand verstanden, welcher durch dessen Unterschreitung eine Bestellung auslöst. So sollte die Bestellung spätestens bei Erreichung des Sicherheitsbestands im Lager eintreffen. Um dies zu gewährleisten gibt es unterschiedliche Möglichkeiten zur Festlegung der Bestellpunkte (vgl. Schulte, 2001, S.177 ff). Mittels eines festen Bestellpunktes: Dieser wird über einen längeren Zeitraum festgelegt. Oder mit Hilfe des gleitenden Bestellpunktes: Dieser passt sich Änderungen an, wobei die mathematische Ermittlung mit Hilfe eines ERP-Systems durchgeführt wird. Dabei ist der Zeitpunkt der Bestellung so zu terminieren, dass der Sicherheitsbestand nach Möglichkeit nicht genutzt wird (vgl. Oeldorf/Olfert 2008, S. 186).

4.3.3 Höchstbestand - Maximalbestand

Durch den Höchstbestand oder auch maximaler Bestand wird angeben, welche Materialmenge maximal im Lager vorhanden sein kann. Dabei wird darauf abgezielt, einen überhöhten Lagerbestand und die damit verbundenen hohen Kapitalbindung innerhalb des Lagers zu vermeiden (vgl. Ehrmann 2008, S. 276 ff).

4.4 Materialbedarfsermittlung

Die Materialbedarfsermittlung hat das Ziel den auftretenden Bedarf an Materialien für die Produktion oder den Handel zu prognostizieren. Diese Prognose soll termin- und mengengereicht erfolgen. Nach Kluck (2008, S. 71 ff.) ist hierfür die Voraussetzung, eine ordnungsgemäße Ermittlung der Ausgangsmaterialien/Baugruppen und die genaue Festlegung des Vorhersagezeitraumes sowie eine korrekte Bedarfsrechnung und Bedarfsvorhersage.

Es kann unterschieden werden zwischen:

- Deterministische / programmorientierter Bedarfsermittlung,
- Verbrauchsorientierter Bedarfsermittlung,
- Heuristische Bedarfsschätzung.

Alle drei Arten sind in der Praxis oft nebeneinander anzutreffen (vgl. Grunwald 1991, S. 158 ff.). Dabei erfolgt die Materialplanung und Bestandsrechnung auf der Grundlage der Bedarfsschätzung sowie der Bedarfsermittlung und ist somit von verschiedenen Faktoren abhängig.

- offene Bestellungen, Sicherheitsbestände, Lieferzeit,
- Bedarfsmenge pro Zeiteinheit, Bedarfsschwankungen, Bestellrhythmen,
- Just-in-Time, Just-in-Sequence, vorhandene Lagerbestände, Engpässe.

Deterministische / Programmorientierte Methode	Anhand von Stücklistenauflösungen bei prognostizierbarem Bedarf oder festen Kundenaufträgen anwendbar.
Verbrauchsgebundene Methoden	Anhand von Vergangenheitswerten bei Bedarfs und Verbrauchsschwankungen, Trend, Saison oder unregelmäßigem Verbrauch anwendbar.
Heuristische Bedarfsschätzung	Bei schwierig planbarem Verbrauch oder unregelmäßiger Nachfrage anwendbar (z.B. bei Spezialteilen, Exoten).

Tabelle 2: Methoden der Bedarfsermittlung (Wannenwetsch, 2010, S.38)

4.5 Bestellmengenplanung

Als Basis für die Bestellmengenplanung dienen die Resultate der Bedarfsplanung, welche auf der Grundlage von Optimierungsberechnungen durchgeführt wird. So muss hierbei nach Grundwald (1991, S. 182 ff.) eine in Bezug auf die Kosten optimale Bestellmenge einen bestmöglichen Ausgleich zwischen Beschaffungskosten, Bedarfsschätzung, Fehlmengenkosten, mittelbaren Beschaffungskosten und Lagerkosten, finden. Darüber hinaus sind im Rahmen der Bestellmengenplanung die Größe der Lagerbestände sowie deren Verbrauch zu berücksichtigen. Ehrmann (2005, S.400 ff.) führt hierbei an, dass im Rahmen der Optimierung der Bestellmengenplanung insbesondere die Festlegung der korrekten Breite und Tiefe des Materialsortiments sowie die Zusammenarbeit mit Konstruktion und Fertigung eine erhebliche Rolle spielen. Daraus lässt sich ableiten, wenn die bestellte Menge sehr gering ist, hat die Unternehmung geringe Kapitalbindungs- und Lagerhaltungskosten, allerdings muss öfter bestellt werden, was erhöhte Bestellkosten verursacht (vgl. Wannenwetsch, 2010, S. 39).

Dabei umfassen die Bestellkosten solche Kosten die für alle Tätigkeiten, die zur Vorbereitung und Abwicklung einer Bestellung auftreten. Die klassische Bestellmengenformel zur Optimierung der Bestellmenge lautet:

$$Optimale\ Bestellmenge = \sqrt{\frac{200 * Jahresbedarf * Bestellkosten}{Einstandspreis * Lagerhaltungskostensatz}}$$

Formel 4: Optimale Bestellmenge (Pfohl , 2010, S 96.)

Dabei basiert die klassische Bestellmengenformel auf folgenden Annahmen: Konstanter Bedarf, konstanter Nachfrageverlauf, konstanter Einstandspreis, konstanter Lagerhaltungskostensatz, konstante Bestellmengenfixkosten und keine Einschränkungen im Rahnen der Lagerung und der Finanzierung. Die Überlegungen zur optimalen Bestellmenge treffen analog auf die optimale Losgröße in der Produktion zu (vgl. Pfohl. 2004, S.108-109).

5 Klassifizierung von Bestellregeln

Wenn der Lagerbestand aufgezehrt ist, ist es in der Regel zu spät für eine neue Bestellung zur Befüllung des Lagerbestandes. Im Rahmen der Vorratsergänzung- und Sicherung muss die Unternehmung insbesondere auf zwei Punkte achten: den optimalen Zeitpunkt, an dem ein Material wieder bestellt werden muss, und die erforderliche Menge des Materials. Nur durch die Anwendung diese beiden Faktoren können defizitäre Lagerbestände vermieden werden. So ergeben sich für eine Unternehmung hieraus unterschiedliche Ansätze, Vorratspolitik zu gestalten, mit dem Ziel, die passende Menge zu passenden Zeit zu liefern (vgl. Hammann/Palupski, 1997, S. 88ff.).
Weiter soll dem Zeitpunkt und dem Umfang der Bestellung Beachtung geschenkt werden. So werden im Rahmen der Vorratsergänzung Entscheidungen darüber getroffen, wann und wieviel zu bestellen ist, mit dem Ziel die Summe aus Bestellkosten und Lagerhaltungskosten zu minimieren.
Dabei stellt sich die Frage nach dem „Wann" einer Bestellung. Diese kann durch eine definierte Mengenangabe sowie durch eine bestimmte Zeitangabe beantwortet werden. Somit ergeben sich zwei Möglichkeiten. Entweder wird bei der Unterschreitung eines bestimmten Lagerbestandes „s" (Bestellpunktverfahren) bestellt oder wenn eine bestimmte Periode „t" (Bestellrhythmusverfahren) abgelaufen ist.
Wie beschrieben behandelt die Vorratsergänzung Fragen zum Zeitpunkt und Umfang einer Bestellung. Neben der Frage nach dem „Wann" stellt sich nun noch die Frage nach dem „Wie viel" zu bestellen

ist. Diese Frage kann aus zwei Perspektiven beantwortet werden. Die bestellte Menge kann als vorgegebene Menge „Q" betrachtet werden oder als eine variable Menge, welche den aktuellen Lagerbestand bis auf ein definiertes Bestellniveau „S" ergänzt (vgl. Pfohl, 2010, S. 96).

Aus Basis dieser Endscheidungsvariablen können vier Bestellregeln klassifiziert werden:

		Bestellmenge	
		Q	S
Bestellzeitpunkt	s	(s,Q)-Regel	(s,S)-Regel
	t	(t,Q)-Regel	(t,S)-Regel

Tabelle 3: Klassifizierung von Bestellregeln (Pfohl, 2010, S. 96)

Bei der (s,Q)-Regel ist die optimale Bestellmenge die primäre Entscheidungsvariable (vgl. Grochla, 1990, S. 69 ff.; Arnolds/Heege/Tussing, 1998, S. 73). So wird im Rahmen dieser Regel eine Bestellung ausgelöst sobald der Lagerbestand auf den Meldebestand abgesunken ist oder einen definierten Bestellpunkt erreicht hat. Dies wird als **Bestellpunktverfahren** bezeichnet. Bei diesem Verfahren stellt die bestellte Menge eine feste Bestellmenge dar. Weiter ist der Bestellpunkt so festzulegen, dass der Lagerbestand die Nachfrage nach Gütern während der Wiederbeschaffungszeit weiterhin kompensieren kann. Im Gegensatz zu dem Bestellpunktverfahren ist es bei einer konstanten Bestellmenge zu empfehlen das Bestellrhythmusverfahren anzuwenden, wenn die Kosten eines erhöhten Sicherheitsbestandes im Vergleich zu den anfallenden Kosten der permanenten Kontrolle geringer ausfallen (vgl. Pfohl, 2010, S.109 ff.).

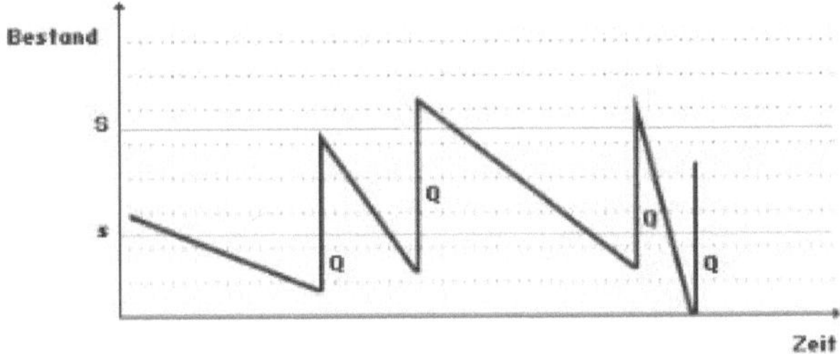

Abb.1: Bestellen einer festen Losgröße bei Erreichen des Meldebestands (Pfohl, 2004)

Die (s,S)-Regel dient zur Auffüllung des Lagers auf den Maximalbestand, bei Erreichung des Meldebestands. So wird eine Bestellung ausgelöst, sobald der Lagerbestand einen vorab definierten Bestellpunkt oder den Meldebestand erreicht hat. Daher wird in diesem Kontext auch hier von dem Bestellpunktverfahren gesprochen. Der Zeitpunkt der Bestellung wird daher so definiert, dass mit dem zur Verfügung stehenden Lagerbestand im Laufe der Wiederbeschaffungszeit die Nachfrage befriedigt werden kann (vgl. Oeldorf/Olfert, 2008, S.184). Dabei ist die bestellte Menge, welche dafür eingesetzt wird den Lagerbestand bis zu einem bestimmten Bestellniveau „S" zu ergänzen. Es ist besonders bei Materialien mit höherem Wert zu empfehlen das Bestellpunktverfahren mit variabler Bestellmenge anzuwenden, wenn die Kosten der kontinuierlichen Qualitätssicherung einen niedrigeren Wert haben im Vergleich zu dem Einsparungspotential durch die geringere Sicherheitslagermenge. Somit wird bei dieser Regel bei der Erreichung des Meldebestands ein Auffüllen auf den Maximalbestand angestoßen (vgl. Pfohl, 2004).

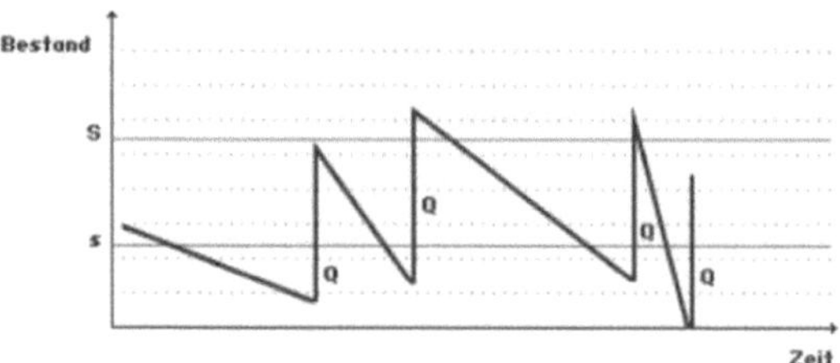

Abb.2: Auffüllen auf Maximalbestand bei Erreichen des Meldebestands (Pfohl, 2004)

Die (t,S)-Regel wird dazu verwendet um das Lager auf den Maximalbestand aufzufüllen sobald ein bestimmter Bestellzeitpunkt erreicht wurde. So werden bei diesem Bestellverfahren Bestellungen nach fest definierten Zyklen initiiert (vgl. Oeldorf/Olfert, 2008, S.184). Aufgrund der wiederkehrenden periodischen Abfolge wird diese Art der Vorratsergänzung als Bestellzyklusverfahren bezeichnet. Falls Warenausgänge durchgeführt wurden, wird nach Vollendung des Bestellzyklus nachbestellt. Dabei wird die zu bestellende Menge so hoch bemessen, dass diese der Nachfrage nach dem Material im gesamten Bestellzyklus sowie der Wiederbeschaffungszeit exklusive der Restlagerzeit entspricht. Somit wird der Lagerbestand mit jeder erneuten Lieferung auf sein Maximalniveau angehoben. Daher empfiehlt es sich Bestellrhythmusverfahren insbesondere für Materialien mit unregelmäßigen Verbraucht zu verwenden (vgl. Pfohl, 2004).

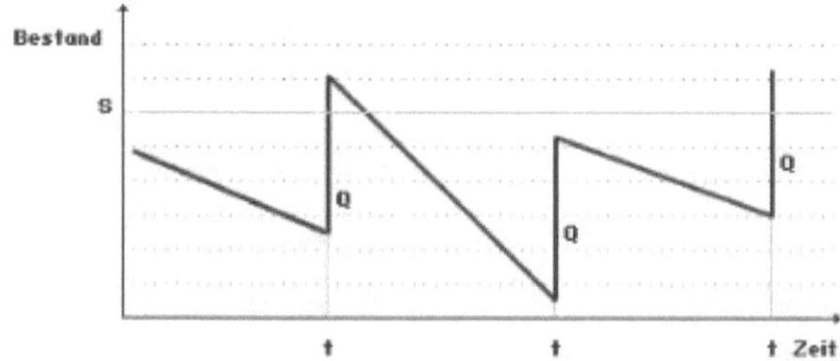

Abb.3: Auffüllen auf Maximalbestand bei Erreichen eines Bestellzeitpunkts (Pfohl, 2004)

Als vierte Regel soll nun die (t,Q)-Regel angeführt werden, mit welcher das Bestellen fester Losgrößen bei der Erreichung des Bestellzeitpunktes beschrieben wird. Diese Regel basiert auf einem konstanten Bestellzyklus. Dieser konstante Zyklus ist dabei entweder abhängig von dem Anlieferungsrhythmus der Lieferanten oder abhängig von dem eigens vorgegebenen Produktionszyklus (vgl. Schiemenz/Schönert, 2005, S. 178).

Innerhalb dieses Bestellrhythmusverfahrens sind Bestellungen nach Vollenden eines bestimmten Bestellzyklus durchzuführen, sofern Warenausgänge entstanden sind. Im Vergleich zur (t,S)-Regel wird in bei der (t,Q)-Regel immer die gleiche Menge bestellt. Daher ist das Bestellrhythmusverfahren mit einer konstanten Bestellmenge anzuwenden, sofern die Kosten für die Erhöhung des Sicherheitsbestandes verglichen mit den Kosten die bei einer kontinuierlichen Kontrolle, geringer ausfallen(vgl. Pfohl, 2004).

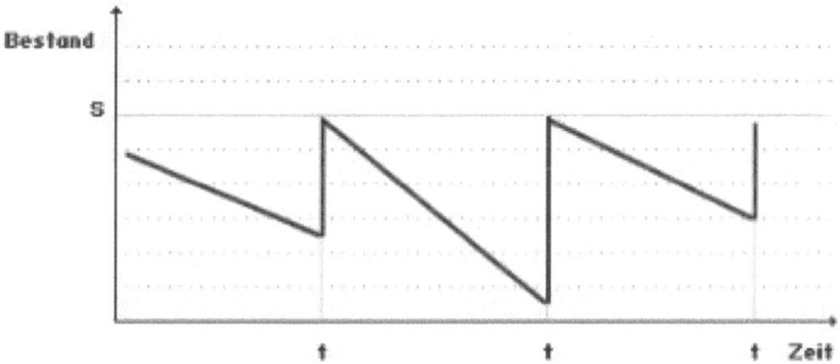

Abb.4: Bestellen einer festen Losgröße bei Erreichen eines Bestellzeitpunktes (Pfohl, 2004)

5.1 Vorratsergänzung

Die Vorratsergänzung soll durch Überprüfung des Lagerbestandes die Frage beantworten, wann zu bestellen ist. Hierbei ist das benötigte Gut zu einem definierten Bestellzeitpunkt oder Bestelltermin zu bestellen. Zwischen Bestellauslösung und Verfügbarkeit des Lagers entsteht ein Bedarf, welcher bei dieser Vorgehensweise zu berücksichtigen ist, damit der Sicherheitsbestand nicht reduziert wird(Vgl. Grochla, 1990, S. 101ff.; Liesegang, 1997, S. 963).

So wird die Vorratsergänzung durch die folgende Grafik dargestellt:

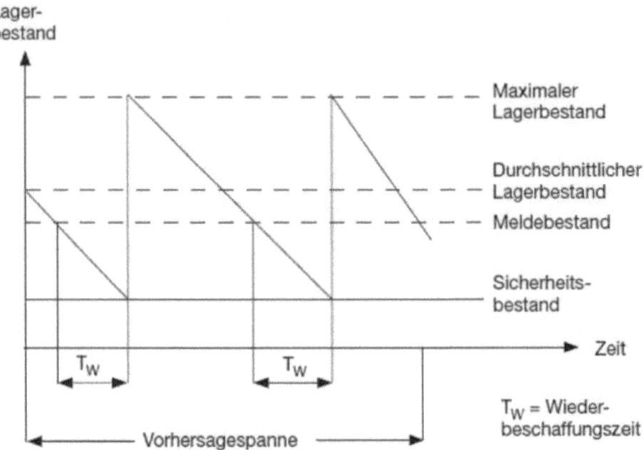

Abb.5: Der Materialbestand (Oeldorf/Olfert, 2013, S.186)

Hierbei sollen die folgenden Bedingungen gelten: Die Länge des Zeitintervalls wird als Vorhersagespanne beschrieben für die eine Bedarfsplanung durchgeführt werden soll. Durch die Bedarfsplanung wird der erwartete Durchschnittsverbrauch angegeben, aus welchem im Falle eines kontinuierlichen Bedarfs, die Steigung der Lagerbestandskurve berechnet werden kann. Weiter wird die Zeit zwischen der Bestellauslösung und Wareneingang des bestellten Materials im eigenen Lager als Wiederbeschaffungszeit beschrieben. Dabei enthält die Wiederbeschaffungszeit folgende Punkte:

- Die administrative Frist der Bestellerteilung
- Die Dauer der Einlagerungskontrolle
- Die effektive Frist für die Lieferung
- Eine an der Zuverlässigkeit des Lieferanten ausgerichteten Puffer(Reservezeit)

In der Literatur finden sich zwei primäre Ansätze der Vorratsergänzung. Die wird zwischen verbrauchsorientierte Vorratsergänzung sowie die bedarfsorientierte Vorratsergänzung unterscheiden (vgl. Oeldorf/Olfert, 2013, S.186 ff.).

5.2   Verbrauchsbedingte Vorratsergänzung

Nach Zäpfel (1996, S. 1395-1396) wird von der verbrauchsorientierter Vorratsergänzung gesprochen, wenn kein Bezug zu dem Produktionsprogramm besteht, der Lagerbestand kontrolliert wird und in Bezug auf die Höhe dieses Lagerbestands entschieden wird, ob der Bestand aufgefüllt wird oder nicht. Wo ein regelmäßiger Verbrauch an Hilfs- und Betriebsstoffen sowie an anderen geringwertigen Materialien herrscht, da empfiehlt es sich die verbrauchsbedingte Bestandsergänzung anzuwenden. Oft ist in der Praxis zu beobachten, dass im Rahmen der Bestandsergänzung ein bereits vorhandener Grundbestand aufgefüllt wird. So wird die Bestellung im Rahmen der verbrauchsbedingten

Vorratsergänzung in Abhängigkeit des Bestands zu einem bestimmten Überprüfungszeitpunkt ausgeführt. Es existieren innerhalb der verbrauchsbedingten Vorratsergänzung das Bestellpunktverfahren und das Bestell-rhythmusverfahren.

5.2.1 Bestellpunktverfahren

Wie bereits im Rahmen der Bestellregeln erwähnt beschreibt der Bestellpunkt eine bestimmte Menge des zur Verfügung stehenden Lagerbestandes, bei welchem eine Bestellung ausgelöst wird. Somit muss im Vorfeld über die Höhe der zu bestellenden Menge und des Bestellpunktes getroffen werden. Bei der Erreichung dieses beschriebenen Bestellpunktes wird der Bestellprozess ausgelöst. Weiter wird bei jedem Warenausgang überprüft, ob ein Bestellpunkt erreicht wurde. Dabei kommen in Rahmen des Bestellpunkt-Verfahrens zwei Arten dieses Verfahrens zum Einsatz. Die sofortige Lagerergänzung und die langfristige Lagerergänzung (vgl. Wannenwetsch, 2002, S.24).

Sofortige Vorratsergänzung

Bei einigen Materialien mit entsprechend kurzen Wiederbeschaffungszeiten empfiehlt es sich eine die sofortige Vorratsergänzung anzuwenden. Dabei erfolgt in diesem Fall die Wiederbeschaffung zwischen zwei Lagerabgängen. So ist die Wiederbeschaffungszeit entsprechend groß zu wählen, dass sie der durchschnittlichen Verbrauchsmenge in der Wiederbeschaffungszeit entspricht. Nach dem Wareneingang ist das Material zu prüfen, wofür die erforderliche Überprüfungszeit einzuplanen ist. Der Bedarf pro Periode umfasst den Verbrauch pro Zeiteinheit, z.B. Tag, Woche, Dekade (vgl. Oeldorf/Olfert, 2013, S.188).

Langfristige Vorratsergänzung

Im Rahmen der langfristigen Lagerhaltung wird angenommen, dass es zu einer mehrmaligen Materialentnahme im Zeitraum zwischen der Bestellung, welche aufgrund des Erreichens des Meldebestands ausgelöst wurde und dem Wareneingang des Materials, kommt.

Weiter findet bei jeder Materialentnahme eine Überprüfung statt, ob der Meldebestand unterschritten wurde, da dies weitere Bestellungen auszulösen würde. So wurde z.B. die kritische Bestellung bereits durchgeführt, ist aber aufgrund der langen Wiederbeschaffungszeit noch nicht in den Bestand eingegangen. Daher setzt dich die Berechnung der langfristigen Vorratsergänzung aus fünf Faktoren zusammen: Materialbedarf, Größe des Vorhersagefehlers, Wiederbeschaffungszeit, Überprüfungszeitraum und Berücksichtigung bereits laufender Bestellungen. Es ergeben sich somit nach Oeldorf/Olfert (2013, S.189 ff.) folgende Bestellregeln für Bestellungen im Rahmen der langfristigen Vorratsergänzung:

- Durch jede Überprüfung des Bestands ist festzuhalten, ob der Meldebestand durch eingehende Bestellungen erreicht wird.
- Wird der Meldebestand erreicht oder gar unterschritten, so ist die Menge zu bestellen, welche die existierende und bestellte Menge auf den Grundbestand ergänzt.
- Wird im Rahmen der Bestandsüberprüfung festgestellt, dass die Summe aus bestellter und verfügbarer Menge größer ist als der Meldebestand, wird keine Bestellung durchgeführt.
- Somit wird genau dann eine Bestellung ausgelöst, wenn die Summe aus Lagerbestand und Bestellung unter dem Meldebestand liegt.

Vereinfachte Verfahren

Folgend soll das vereinfachte Verfahren zur Vorratsergänzung angeführt werden. Insbesondere in der betrieblichen Praxis werden häufig vereinfachte Verfahren zur Vorratsergänzung eingesetzt. Diese Verfahren kennzeichnen sich durch die einfache Anwendbarkeit und dem damit verbundenen geringen Arbeitsaufwand, weshalb sie in der Praxis große Beliebtheit erfahren. Vor allem lassen sich vereinfachte Verfahren besonders gut bei C-Gütern anwenden. So dass sichergestellt werden kann, dass angelieferten Materialien erst im Fertigungsprozess verbraucht werden.

In der Regel erfolgt eine Bestandsführung nach dem FIFO-Prinzip. So dass ältere Materiellen zuerst verbraucht werden. Das hat zur Folge, dass bestimmte Lagereinbauten verwenden werden und das organisatorische Regeln einzuhalten sind. Dabei haben sich in der Praxis vor allem zwei Verfahren etabliert: Das Reihenfolge-Verfahren und das Vorratsbehälter-Verfahren.

Mittels des Reihenfolge-Verfahrens werden einzelne Stücke bspw. Behälter, Kästen Fässer usw. in der Form angeordnet, so dass jeder Warenausgang auf das älteste Stück zugreift. Warenzugänge werden demnach hinter den zeitlich letzten Zugang angefügt. Bestellungen werden bei diesem Verfahren durch Erreichen des Meldebestands bzw. des Bestellpunktes ausgelöst (vgl. Oeldorf/Olfert, 2013, S. 190-192).

Als zweites der beiden Verfahren soll nun das Vorratsbehälter-Verfahren vorgestellt werden. Bei diesem Verfahren wird der Warenausgang aus den Vorratsbehältern nicht im Einzelnen erfasst. Es werden nur die verbrauchten Mengen registriert. Dabei wird eine Bestellung aufgrund von Sichtkontrollen ausgelöst. Wird also festgestellt, dass ein Fass, Tank oder die Lagerfläche leer ist, wird eine entsprechende Bestellung ausgelöst, um auf den Grundbestand aufzufüllen(vgl. Oeldorf/Olfert, 2013, S. 190-192).

5.2.2 Bestellrhythmus-Verfahren

In diesem Abschnitt soll das bereits erwähnte Bestellrhythmus-Verfahren beschrieben werden. Dieses Verfahren kennzeichnet sich durch fest definierte Beschaffungsrhythmen und variable Bestellmengen.

Dabei hängt die auszulösende Bestellung primär vom Verbrauch zwischen bei denen Kontrollzeitpunkten ab.

Eine regelmäßige Überprüfung des Lagerbestandes soll dabei als Voraussetzung für die Ermittlung Verbrauchs innerhalb einer bestimmten Periode gelten. So wird festgestellt, dass eine häufigere Kontrolle zwischen den Bestellrhythmen, eine exaktere Bestimmung der zu bestellenden Menge zur Folge hat. Es empfiehlt sich das Bestellrhythmus-Verfahren dann anzuwenden, wenn der Lieferrhythmus durch den Lieferanten bereits vorgegeben wurde. Weiter empfiehlt sich eine Anwendung dieses Verfahrens, wenn der Fertigungsrhythmus der Unternehmung keine fehlenden Materialien in der Planung zulässt. Aufgrund des unbekannten Lagerbestands zwischen den Zeitpunkten der Überprüfung, ist der Bedarf während der Überprüfung zu berücksichtigen (vgl. Wannenwetsch, 2002, S. 24).

5.3 Bedarfsbedingte Vorratsergänzung

Die bedarfsorientierte Vorratsergänzung charakterisiert sich zunächst durch die Nutzung von realen und prognostizierten Primärbedarfe, als Grundlage. Aus diesen Informationen sowie aus weiterer Informationen im Kontext des Erzeugniszusammenhangs werden schließlich die Sekundärbedarfe ermittelt. Daraus resultiert, dass die gesamten Bedarfsmengen dann genutzt werden, um unter Berücksichtigung unterschiedlicher Restriktionen und Kosteneinflüsse ein annähernd verzögerungsfreies und bestandsarmes Produktionsprogramm zu ermitteln (vgl. Witte, 1996, S. 1170-1171). Eine Anwendung der bedarfsbedingten Vorratsergänzung wird vor allem bei der Planung von hochwertigen Gütern empfohlen. Diese sind mit A-Klassifizierte Güter, häufig aber auch B-Güter. Dabei greift dieses Verfahren auf deterministisch ermittelte Bedarfswerte zurück.

Ziel der bedarfsbedingten Bestandsergänzung ist es, die maximale Verfügbarkeit der Materialien des Lagers sicherzustellen. Dabei wird dann die Vorratsergänzung durchgeführt, wenn der Bestand einen bestimmten Wert erreicht hat (vgl. Wannenwetsch, 2002, S. 25).

Im Rahmen dieser Vorratsergänzung soll sich die Bestellung – vor allem für A-Güter – an dem tatsächlichen Bedarf orientieren. Häufig ist zu beobachten, dass der Wert der Bestellung nicht optimal ist, da sich die Bestellung oft an den aktuellen Bedarf der Prodiktion ausrichtet. Als Folge dadurch entstehen Mehrkosten. Um diese Mehrkosten zu vermieden sollte zusätzlich noch eine Bestellmengenrechnung erfolgen.

Isteindeckungszeit

Unter der Isteindeckungszeit wird die Zeit verstanden, in welcher der Lagerbestand ausreicht, um den erwarteten Bedarf zu decken. So liegt der erste Tag einer Periode, dessen Bedarf nicht befriedigt werden kann, außerhalb der Isteindeckungszeit. Weiter wird bei der Berechnung der

Isteindeckungszeit angenommen, dass sich der Bedarf zu Beginn einer Periode wiederspiegelt (vgl. Oeldorf/Olfert, 2013, S. 193).

Solleindeckungszeit

Durch die Solleindeckungszeit wird die Zeit angegeben, bis wann der Lagerbestand inkl. des Bestellbestands für den aktuellen Bedarf zur Verfügung steht. Zur Vermeidung einer Leistungsstörung, sind folgende Zeiten abzudecken: Wiederbeschaffungszeit und Sicherheitszeit sowie Überprüfungszeit und die Länge der Planperiode. Dabei stellt der Tag der Bestellung das Ausgangsdatum dar, ab welchem die Terminierung durchgeführt wird. Hierdurch kann der Zeitpunkt bestimmt werden, an dem der Lagerbestand ergänzt wird. Dabei wird der Bestellprozess dadurch ausgelöst, wenn die Isteindeckungszeit kleiner aus die Solleindeckungszeit ist.

Darüber hinaus sind für Bestellungen die Soll-Liefertermine zu bestimmen. Darunter ist der späteste Termin zu verstehen, welcher die Lieferbereitschaft sicherstellt. Dieser Termin resultiert aus dem Isteindeckungstermin abzüglich der Sicherheitszeit sowie abzüglich der Überprüfungszeit(vgl. Oeldorf/Olfert, 2013, S. 194).

6   Materialbedarfsplanung innerhalb von SAP R/3

Nach Greiner (2012, S. 23 f.) entwickelt und vertreibt das Unternehmen SAP – als Standardsoftware konzipierte – Unternehmenssoftware. Die Abkürzung SAP ist ein stammt aus dem ursprünglichen Namen der 1976 gegründeten Firma »SAP GmbH Systeme, Anwendungen und Produkte in der Datenverarbeitung«. Dabei steht der Buchstabe R in SAP R/3 für den englischen Begriff Realtime (dt. Echtzeit).

Wie eingehend beschrieben zielt die Materialbedarfsplanung darauf ab die Materialverfügbarkeit in einer Unternehmung sicherzustellen. Die Komponente Materialbedarfsplanung soll den zuständigen Disponenten in seinem Aufgabenbereich unterstützt und entlastet. Zu dessen Tätigkeiten gehört es, Art, Menge und Zeitpunkt des Bedarfs festzustellen und die notwendigen Mengen sowie Termine zur Bedarfsdeckung zu ermitteln. Für die Ermittlung der Mengen müssen die Bestände, Bestandsreservierungen und der Bestellbestand berücksichtigt werden sowie für die Ermittlung der Termine die Durchlauf- und Beschaffungszeiten.

6.1   Voraussetzungen

Um eine Bedarfsplanung durchzuführen, sind zunächst die Grunddaten anzulegen. Dafür ist Pflege der entsprechenden Komponenten in Materialstamm und Stücklisten notwendig.

Ist zudem die Bedarfsplanung für eigengefertigte Produkte anzuwenden und sollen Produktionstermine ermittelt werden, so sind im System zudem noch Arbeitsplätze und Arbeitspläne zu pflegen. Daneben ist noch die Pflege Komponente Programmplanung nötig. Die Programmplanung wird dazu verwendet, um Bedarfsmengen und -termine für herstellenden Produkte festzulegen. Weiter wird durch die Programmplanung die Strategie, mit welcher ein Produkt geplant und gefertigt sowie beschafft wird, bestimmt.

Die Bedarfsplanung innerhalb von SAP R/3 kann entweder auf Werksebene oder für verschiedene Dispositionsbereiche durchgeführt werden. Im Rahmen der Bedarfsplanung auf Werksebene wird der Bestand aus den einzelnen Lagerorten ermittelt. Die Bedarfe werden innerhalb des Planungslaufs aggregiert und durch Beschaffungselemente gedeckt. Weiter können einzelne Lagerorte separat disponiert oder auch von der Disposition ausgeschlossen werden. Während der Planung des Bedarfs auf Dispositionsbereichsebene werden ausschließlich die Bestände der Lagerorte oder Lohnbearbeiter berücksichtigt, die dem entsprechenden Dispositionsbereich zugeordnet wurden. Es werden also nur die Bedarfe des einen ausgewählten Dispositionsbereichs aggregiert. Für diese Bedarfe werden danach die einzelnen Positionen der Bestellung generiert. Durch diesen Ansatz wird es möglich, dass die Bedarfsplanung gezielt für einzelne Bereiche durchgeführt werden kann (vgl. SAP SE, 2015).

Losgrößen- und Dispositionsverfahren

Die gängigsten Losgrößenverfahren werden in SAP zur Verfügung gestellt. Daneben sind allerdings auch eigene Formeln mit geringem Aufwand integrierbar. Weiter stehen bei den Dispositionsverfahren plangesteuerte und verbrauchsgesteuerte Verfahren zur Verfügung.

Automatischer Planungslauf

Durch automatischen Planungslauf wird bei der Feststellung einer entsprechenden Unterdeckungssituationen Beschaffungselemente generiert. Das System erzeugt Nachrichten in Bezug auf kritische Teile und ermöglicht so ein gezieltes Nachbearbeiten der Planungsergebnisse.

6.2 Bedarfsplanung in der logistischen Ketten

Einsatzmöglichkeiten

Die primäre Aufgabe der Materialbedarfsplanung ist es, sicherzustellen, dass das benötigte Material bei Bedarf zur Verfügung steht. Das heißt also sowohl innerbetrieblich als auch für den Verkauf die benötigten Mengen fristgerecht zu bestellen. Dies inkludiert die Kontrolle der Lagerbestände und vor allem die Erstellung von Vorschlägen für den Einkauf und die Fertigung (vgl. SAP SE, 2015).

Ablauf

Durch die SAP SE wird der Ablauf für die Bedarfsplanung im Rahmen der logistischen Kette wie folgt beschrieben (vgl. SAP SE, 2015).

1. Zu Beginn wird der konkrete Kundenbedarf durch den Vertrieb aufgenommen.

2. Im nächsten Schritt wird der Absatz mit Hilfe einer Absatzprognose in der Produktionsprogrammplanung geplant.

3. Daraus resultiert der Primärbedarf, welcher die Bedarfsplanung initiiert.

4. Zu Vorratsergänzung, welche den Bedarf decken soll, werden die zu beschaffenden Mengen ermittelt und terminiert. Weiter werden entsprechende Beschaffungselemente eingeplant, wie z.B. der Planauftrag bei internen Bestellen oder die Bestellanforderung für Fremdbeschaffung. Diese Beschaffungselemente sind interne Elemente zur Planung, welche beliebig angepasst oder gelöscht werden können.

5. Weiter wird bei Material das durch Eigenfertigung hergestellt wird, zusätzlich der Sekundärbedarf mittels Stücklistenauflösung bestimmt. Sofern ein defizitärer Lagerbestand zu erkennen ist, werden für alle Stücklistenstufen Planaufträge zur Bedarfsdeckung generiert.

5. Als Folge der Stücklistenauflösung werden entsprechende Beschaffungselemente generiert: Bei Fremdbeschaffung wird eine Bestellung erstellt und bei Eigenfertigung ein Fertigungsauftrag.

6. Wird eine Eigenfertigung des Materials angestoßen, so wird der Fortschritt des Auftrages mittels Fertigungsauftrag gesteuert. Dabei setzt sich der Fertigungsauftrag aus folgenden Bestandteilen zusammen: Eigene Terminfindung, Kapazitätsplanung sowie Statusverwaltung.

7. Bei fremd zu beschafften Material wird ein Bestellvorgang initiiert. Dabei ist es zu beachten, dass geeignete Lieferanten ausgewählt oder Rahmenverträge abgeschlossen werden.

8. Schließlich werden die durch die Produktion hergestellten oder durch Fremdbeschaffung bereitgestellten Mengen in den Lagerbestand überführt. Dabei werden die Materialien durch die Bestandsführung verwaltet.

Sämtliche Funktionen werden dabei durch das eingesetzte SAP-System bereichsübergreifend geplant, gesteuert und koordiniert.

6.3 Dispositionsverfahren

Die Materialbedarfsplanung zielt darauf ab, vorhandenen Kapazitäten und Lieferungen an Materialien möglichst termingerecht in abzustimmen. Hierfür stellt das SAP-System u.a. deterministische und verbrauchsgesteuerte Dispositionsverfahren bereit. Neben den beiden erwähnte Verfahren soll an dieser Stelle noch das Leitteileplanungsverfahren erwähnt werden, auf das aber aufgrund seiner Sonderform der deterministischen Disposition nicht weiter eingegangen werden soll (vgl. Wenzel, 2001, S. 90 ff.).

6.3.1 Deterministische Disposition

Voraussetzungen für die deterministische Disposition

Als Voraussetzung für die deterministische Disposition ist der Materialstamm zu pflegen. Innerhalb des Materialstamms ist in der Sicht Disposition 1, das Dispositionsmerkmal für plangesteuerte Disposition einzustellen.

Ablauf der deterministischen Disposition

1. Im Rahmen der deterministischen oder auch plangesteuerten Disposition wird durch das System die Nettobedarfsrechnung für alle geplanten Elemente durchgeführt. Bei diesem Schritt wird der verfügbare Lagerbestand mit den erwartenden Lieferungen aus Einkauf und Fertigung mit den Planprimärbedarfen abgeglichen. Wenn ein defizitärer Lagerbestand, also wenn der verfügbare Bestand kleiner ist als die Bedarfsmenge ist, werden durch das System Beschaffungsvorschläge generiert.

2. Weiter ermittelt das System die Menge aus dem Beschaffungsvorschlag entsprechend dem definierten Losgrößenverfahren. Dabei stellt das System unterschiedliche Verfahren bereit. So kann für jedes Material ein individuelles Losgrößenverfahren bestimmt werden.

3. Daneben wird der Beschaffungsvorschlag zeitlich bestimmt. So werden bei fremdbeschafften Material Liefer- und Freigabetermine berechnet. Für eigengefertigtes Material werden die Produktionstermine ermittelt.

4. Durch Stücklistenauflösung werden die Sekundärbedarfe der Komponenten der Materialien aus der Eigenfertigung ermittelt. Dabei ist der Sekundärbedarfstermin um die Zeit der Eigenfertigung des anfordernden Materials versetzt.

5. Weiter besteht die Möglichkeit auftretende Zusatzbedarfe mit Hilfe der Prognoserechnung in die plangesteuerte Dispositionsrechnung zu integrieren. Die Verbrauchsreihe der ungeplanten Bedarfe ist hierfür die Grundlage (vgl. SAP SE, 2015).

6.3.2   Verbrauchgesteuerte Disposition

Verwendung der verbrauchsgesteuerten Disposition

In SAP basiert die verbrauchsgesteuerte Disposition auf Verbrauchswerten aus der Vergangenheit. Dabei schließt das System mittels Prognose oder statistischer Verfahren auf den zukünftigen Bedarf. Die beschriebenen Verfahren der verbrauchsorientierten Disposition haben keinen Bezug zu Produktionsplänen. So wird die Nettobedarfsrechnung nicht durch einen Primär- oder Sekundärbedarf initiiert, stattdessen wird sie durch das Unterschreiten eines definierten Bestellpunkts oder durch Prognosebedarfe, welche aus Vergangenheitsverbräuchen berechnet wurden, ausgelöst (SAP SE, 2015).

Voraussetzungen der verbrauchsgesteuerten Disposition

Für die Verbrauchsgesteuerte Dispositionen gilt eine Verbrauchsentwicklung, welche recht konstant oder linear verläuft und nur geringe Zufallsschwankungen aufweist, als Voraussetzung. Weiter sollte die Unternehmung eine gut funktionierende und stets aktuelle Bestandsführung vorhalten (vgl. Gulyássy et al., 2014, S.267 f.).

Funktionsumfang des Systems im Rahmen der verbrauchsgesteuerten Disposition

Das SAP bietet im Rahmen der Verbrauchsgesteuerten Disposition die Verfahren Bestellpunktdisposition, Stochastische Disposition und Rhythmische Disposition an.

6.3.2.1 Bestellpunktdisposition

Verwendung von Bestellpunktdispositionen

Im Rahmen dieses Dispositionsverfahrens wird die Bestellung immer genau dann ausgelöst, wenn die Summe aus dem werksweiten Lagerbestand und fixen Zugängen den Meldebestand unterschreitet. Dabei ist auch hier im System der Meldebestand gleich dem sog. Bestellpunkt (vgl. SAP SE, 2015).

Funktionsumfang des Systems im Rahmen der Bestellpunktdisposition

Innerhalb des System hat der Meldebestand die Funktion den zu erwartenden durchschnittlichen Materialbedarf während der Wiederbeschaffungszeit abdecken (vgl. SAP SE; 2015). Der Sicherheitsbestand hat die Aufgabe, sowohl den Materialmehrverbrauch während der Wiederbeschaffungszeit als auch den Zusatzbedarf bei Lieferverzögerungen abzudecken. Der Sicherheitsbestand ist daher Bestandteil des Meldebestands (vgl. Wenzel, 2001, S. 120 ff.).

Dabei empfiehlt SAP für die Festlegung des Meldebestands die folgenden drei Parameter: Sicherheitsbestand, durchschnittlicher Verbrauch und Wiederbeschaffungszeit.

Für die Festlegung des Sicherheitsbestands sind innerhalb von SAP die nachstehenden Parameter zu beachten: bisheriger Verbrauch oder zukünftiger Bedarf, Termintreue des Lieferanten bzw. der Fertigung, Lieferbereitschaftsgrad sowie Prognosefehler.

Manuelle Bestellpunktdisposition

Mit der manuellen Bestellpunktdisposition kann der Anwender selbst den Meldebestand und den Sicherheitsbestand im Materialstamm definieren.

Maschinelle Bestellpunktdisposition

Bei der Verwendung der maschinellen Bestellpunktdisposition wird sowohl der Meldebestand als auch der Sicherheitsbestand durch das in SAP integrierte Prognoseprogramm berechnet. Auf Basis stochastischer Materialverbrauchswerte ermittelt das System Prognosewerte für den in der Zukunft erwarteten Materialbedarf. Dabei werden in regelmäßigen Intervallen Meldebestand und Sicherheitsbestand angepasst.

6.3.2.2 Ablauf der Bestellpunktdisposition

Voraussetzungen für die Bestellpunktdisposition

Als Voraussetzung für diese Disposition ist der Materialstamm zu pflegen. Innerhalb des Materialstamms ist das Dispositionsmerkmal für Bestellpunktdisposition in der Sicht Disposition 1 einzustellen.

Weiter muss gewährleistet sein. dass im Materialstamm die Parameter für den Meldebestand in der Sicht Disposition 1 sowie für den Sicherheitsbestand in der Sicht Disposition 2 festgelegt wurden. Alternativ muss eine automatische Berechnung durch das System eingestellt worden sein.

Ablauf der Bestellpunktdisposition

Die kontinuierliche Kontrolle des verfügbaren Lagerbestands bei der Bestellpunktdisposition wird durch die Bestandsführung wahrgenommen. Während der Entnahme des Materials wird durch das System überprüft, ob der Meldebestand unterschritten wird. Wird der Meldebestand unterschritten, so erzeugt das System für den nächsten Planungslauf ein Eintrag in der Planungsvormerkdatei. In der Planungsvormerkdatei werden Materialien, welche mit einem Dispositionskennzeichen ungleich ND (nicht disponiert) angelegt wurden, in die Planungsvormerkdatei aufgenommen. Ebenso stellt das System bei einer Materialrückgabe fest, ob der Lagerbestand den Meldebestand nach Wareneingang überschreiten wird. Werden aufgrund von Rücklieferungen eingeplante Warenzugänge entbehrlich, so werden diese entsprechend geplanten Warenzugänge durch Planungslauf zur Stornierung vorgeschlagen.

Weiter wird die Nettobedarfsrechnung von SAP durchgeführt. Innerhalb des System wird dabei der verfügbare Bestand auf Werksebene zuzüglich der schon erwarteten festen Zugänge wird mit dem Meldebestand gegenübergestellt. Resultiert das eine Summe des Bestands und der Zugänge die kleiner ist als der Meldebestand, so erkennt das System eine Unterdeckung des Materialbestands.

Auf Basis der im Materialstamm festgelegten Losgrößenverfahren ermittelt das System die zu beschaffende Menge des Materials. Insbesondere für die Bestellpunktdisposition empfehlen sich die Losgrößenverfahren der festen Losgröße oder das Auffüllen bis zum Höchstbestand.
Schließlich berechnet das System einen zeitlichen Beschaffungsvorschlag. Hierbei ermittelt SAP den Termin, wann der Lieferant die Bestellung zu liefern hat.

6.4   Praxisbeispiel anhand des Bestellpunktverfahrens in SAP R/3

Für die exemplarische Darstellung des Bestellpunktverfahrens wurde die Version SAP R/3 Enterprise (v7.31) verwendet. Exemplarisch soll folgende die mehrstufige Planung eines einzelnen Materials dargestellt werden. Bei der mehrstufigen Planung erfolgt eine Auflösung der Stückliste. Es wird also bis auf unterteste Stufe des Materials geplant.

Das Vorgehen innerhalb des Planungsprozess mit Hilfe Bestellpunktverfahren lässt sich wie folgt gliedern:

1. Anpassung innerhalb des Materialstamms
2. Analyse des verfügbaren Bestands betrachte
3. Durchführung der Materialbedarfsplanung

Zu Beginn ist das zu planende Material zu überprüfen. Hierzu wird die Transaktion MM01 (Material erstellen) aufgerufen, sofern das Material noch nicht existiert. Andernfalls ist die Transaktion MM02 (existierendes Material bearbeiten) auszuwählen, sofern das Material bereits existiert. Bei der Erstellung oder Bearbeitung des Materials ist zudem darauf zu achten, dass mindestens die folgend erwähnten Sichten ausgewählt werden: Grunddaten 1-2, Einkauf, Disposition 1, Buchhaltung 1-2.

In der folgenden Abbildung sollen die wichtigsten Informationen bzgl. des Materials für das Beispiel des einstufigen Bestellpunktverfahrens dargestellt werden.

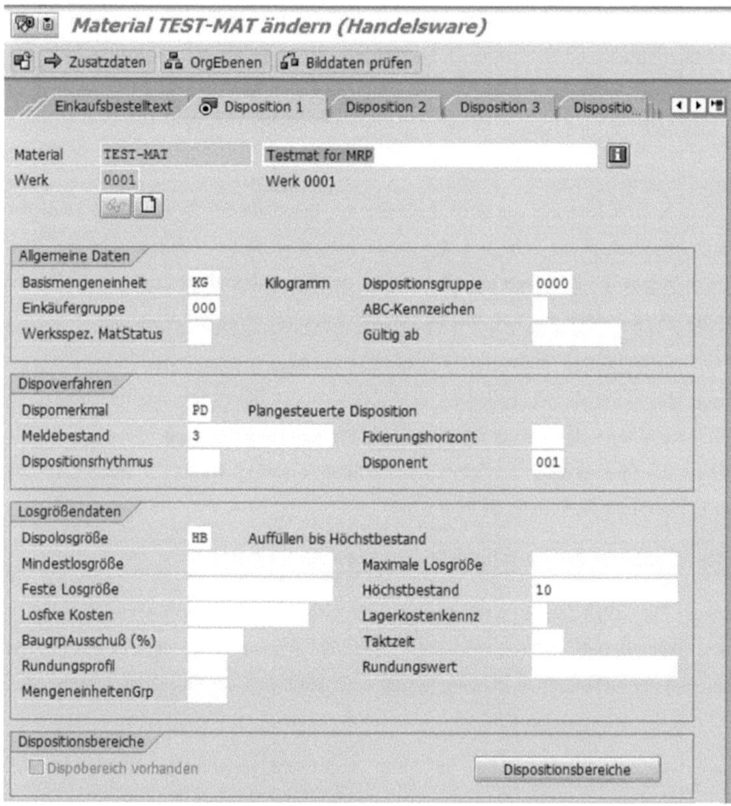

Abb. 6: Stammdaten / Materialstamm (vgl. SAP R/3)

Dabei gelten der Parameter Dispomerkmal und Dispolosgröße als die wichtigsten Felder. Das Dispositionsmerkmal ist ein Schlüssel zur Steuerung des MRP-Laufs. Er definiert, ob und wie das Material disponiert wird. Dabei bietet dieser Steuerschlüssel u.a. folgende Möglichkeiten: Die manuelle Bestellpunktdisposition, die maschinelle Bestellpunktdisposition, Plangesteuerte Disposition mit Prognosen für den ungeplanten Verbrauch sowie die Leitteileplanung. Zudem soll im Rahmen Beispiels das Standard-SAP Dispomerkmal des Typs PD (Plangesteuerte Disposition) verwendet werden. Weiter soll als Parameter der Dispolosgröße HB (Auffüllen bis Höchstbestand) ausgewählt werden. Als weiterer Steuerschlüssel ist nun der Meldebestand zu definieren, um festzulegen, an welchem Punkt eine Bestellung ausgelöst werden soll. Aufgrund der verwendeten Dispolosgröße „HB" ist ein Höchstbestand festzulegen, bis zu dessen Höhe der Bestand aufgefüllt werden soll.

6.4.2   Analyse des verfügbaren Lagerbestands

Im diesem Schritt sollen nun als nächstes die die verfügbaren Lagerbestände analysiert werden. Unter Verwendung der Transaktion MD04 (Aktuelle Bedarfs-/Bestandsliste) kann der aktuelle Bedarf für ein bestimmtes Material angezeigt werden. Weiter ist sicherzustellen, dass der Bestellpunkt höher als der aktuelle Lagerbestand ist, da der MPR-Lauf ansonsten keine Bestellungen auslösen würde. In diesem Fall ist der aktuelle Lagerbestand (0) < Bestellpunkt (10). Somit würde der MRP-Lauf das Auffüllen des Lagerbestands empfehlen.

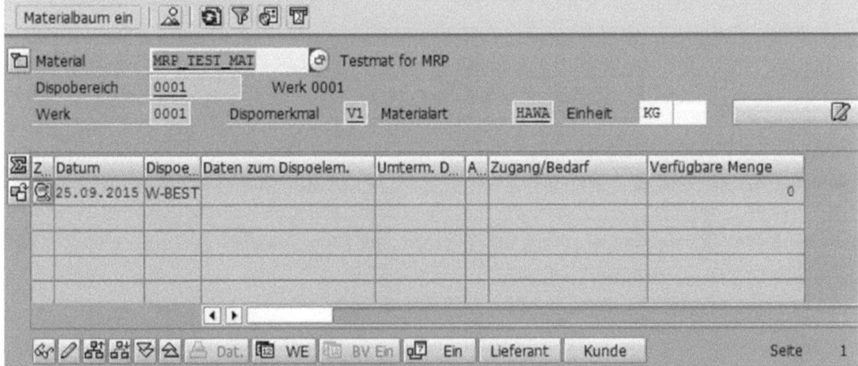

Z.	Datum	Dispoe..	Daten zum Dispoelem.	Umterm. D..	A.	Zugang/Bedarf	Verfügbare Menge
	25.09.2015	W-BEST					0

Abb. 7: Aktuelle Bedarfs-/Bestandsliste (vgl. SAP R/3)

6.4.3   Durchführung der Materialbedarfsplanung

Nun soll der MRP-Lauf für ein bestimmtes Material durchgeführt werden. Dazu soll die Transaktion MD02 (Einzelplanung –mehrstufig-) verwendet werden. Durch diese Transaktion kann ein mehrstufiger MRP-Lauf für ein spezfisiches Material durchgeführt werden. Dabei umfasst dieses mehrstufige Verfahren alle Ebenen einer Stückliste, was aber nicht weiter für dieses Beispiel relevant sein wird.

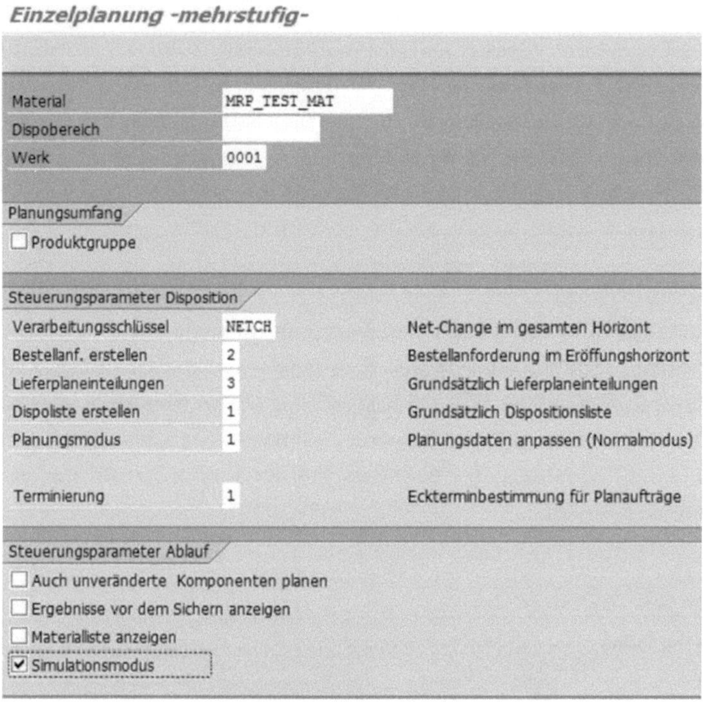

Einzelplanung -mehrstufig-

Material	MRP_TEST_MAT
Dispobereich	
Werk	0001

Planungsumfang

☐ Produktgruppe

Steuerungsparameter Disposition

Verarbeitungsschlüssel	NETCH	Net-Change im gesamten Horizont
Bestellanf. erstellen	2	Bestellanforderung im Eröffungshorizont
Lieferplaneinteilungen	3	Grundsätzlich Lieferplaneinteilungen
Dispoliste erstellen	1	Grundsätzlich Dispositionsliste
Planungsmodus	1	Planungsdaten anpassen (Normalmodus)
Terminierung	1	Eckterminbestimmung für Planaufträge

Steuerungsparameter Ablauf

☐ Auch unveränderte Komponenten planen
☐ Ergebnisse vor dem Sichern anzeigen
☐ Materialliste anzeigen
☑ Simulationsmodus

Abb. 8: Einzelplanung –mehrstufig- (vgl. SAP R/3)

Darstellen der Ergebnisse

Nach erneutem Aufrufen der Transaktion MD04 wird die Bedarfsliste angezeigt. Nun sollte eine Bestellanforderung oder ein Planauftrag für eine bestimmte Menge des benötigten Materials bis zum maximalmöglichen Bestellmenge vorliegen.

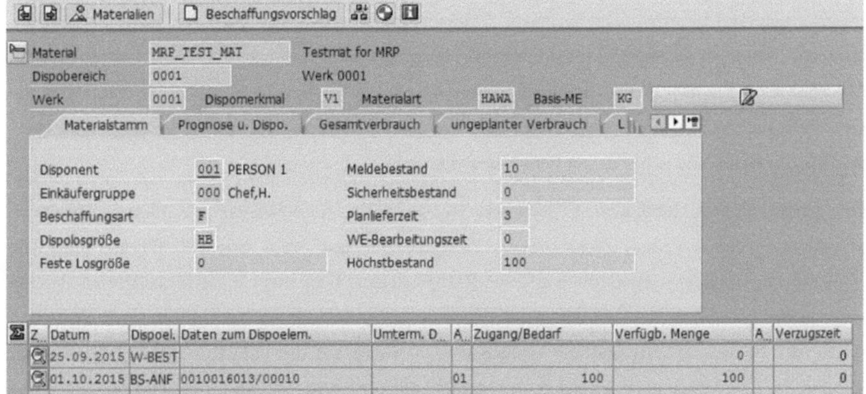

Abb. 9: Planungsergebnisse (vgl. SAP R/3)

7 Kritische Würdigung

Die früher übliche verbrauchgesteuerte Materialdisposition wird bei MRP-I durch eine deterministische Materialbedarfsermittlung ersetzt. Beim MRP-I liegt der große Nachteil im Auftragsfreigabeverfahren. Aufträge werden ohne Kenntnis über die aktuelle Kapazitätssituation nur über die Materialverfügbarkeit freigegeben. MRP-II ist eine Weiterentwicklung des MRP-I. Beim Manufacturing Resource Planning werden im Vergleich zum MRP-I neben dem Materialbedarf noch der Finanz-, Maschinen-, Werkzeug- und Personalbedarf ermittelt. Beim MRP-II werden somit alle wichtigen Ressourcen der Unternehmung mitberücksichtigt. Damit das MRP-II angewandt werden kann ist es wichtig, dass sowohl die Planung sehr aktuell ist, als auch dass die verschiedenen Informationssysteme gut in der Unternehmung integriert sind. Weiter berücksichtigt MRP-II strategische und wirtschaftliche Aspekte der Produktionsplanung und bildet nicht zuletzt dadurch die Grundlage vieler Produktionsplanungssysteme-Systeme.

Der Einsatz der Materialbedarfsplanung ist daher dann sinnvoll, wenn die Unternehmung ihren Materialfluss optimieren möchte. Dies gilt sowohl für interne Warenbewegungen als auch für die Fremdbeschaffung. Insbesondere ist empfohlen genau dann ein solches System dann einzusetzen, wenn kontinuierlich Probleme bei der Terminierung der Lieferungen auftreten.

Die Materialbedarfsplanung innerhalb von SAP bietet der Unternehmung eine Reihe an Vorteilen. Einige der wichtigsten Vorteile ist die Unterstützung bei der Reduzierung von Lagerbeständen und die damit verbundenen Transportkosten. Ferner können die effizientesten Losgrößen Sicherheitsbestände bestimmt werden. Ebenso ist sind die durch das System erzeugten Informationen für andere Unternehmensbereiche nützlich. Allerdings haben auch MRP-Systeme auch einige Nachteile. MRP-

Systeme basieren auf exakt eingegebenen Informationen. Probleme können allerdings aufgrund von falsch eingegeben Informationen auftreten. So könnten falsche Bestellmengen verspätete Lieferungen auftreten. Somit ist es unerlässlich Mitarbeiter entsprechend zu schulen. Daher ist Akzeptanz der Mitarbeiter im Rahmen der Materialbedarfsplanung von großer Bedeutung. Es ist wichtig, dass die Geschäftsprozesse mit dem System abgestimmt werden und Schlüsselpersonen frühzeitig identifiziert werden, um Hemmungen bei diesen Personen abzubauen.

Die bereitgestellten Methoden können als Ergänzung zu bestehenden Beschaffungskonzepten eingesetzt werden. Das Ziel dieser Projektarbeit war es, eine Einführung in die Materialbedarfsplanung innerhalb von SAP R/3 zu geben, Bestellregeln zu klassifizieren und zu untersuchen wie die Anwendung der Materialbedarfsplanung in SAP R/3 umzusetzen ist. Zu letzterem wurde der Fokus aus aufgrund der einfachen Darstellung auf die (s,S)-Bestellpolitik gelegt, bei welcher der Lagerbestand bei Erreichen der Meldebestands eine Bestellung auslöst, die dazu dient den Lagerbestand bis auf den Höchstbestand aufzufüllen. Anhand einer beispielhaften Durchführung des Bestellpunktverfahrens wurde untersucht inwiefern sich das theoretische Modell der Bestellpolitik im Rahmen der Vorratsergänzung realitätswirksam in der Praxis darstellen lässt. In den Modellen der Bestellpolitik werden Bedarfsverläufe sehr idealtypisch darstellt. Diese Darstellung erfolgt in der Literatur über konstant verlaufende Liniendiagramme. In diesen idealtypischen Model ist bspw. die (s,S)-Bestellpolitik zu erkennen, dass eine Bestellung bei Unterschreitung des Meldebestands ausgelöst wird, was zum Auffüllen des Lagerbestands auf den Höchstbestand zur Folge hat. In diesem Modell wird der Höchstbestand durch Auslösen einer Bestellung erreicht. Die durchgeführte Analyse mit Hilfe des SAP-Beispiels hat hingegen aufgezeigt, dass die Bedarfsverläufe in der Realität eher durch Treppendiagram dazustellen sind. Grund hierfür sind ist der sprunghafte Verbrauch der Güter. Insbesondere aber ist anzumerken, dass die Erreichung des Höchstbestands in der Realität eher ein seltenes Phänomen darstellt. Dies resultiert daraus, dass der Höchstbestand nach dem Auslösen der Bestellung eher nicht erreicht wird. Der Materialbestand nimmt in der Realität während der Wiederbeschaffungszeit aufgrund des anhaltenden Materialverbrauchs im Rahmen der Warenbewegung, ab. Somit kann in der Realität in der (s,S)-Bestellpolitik der Höchstbestand schwer erreicht werden. Dennoch sollte erwähnt werden, das Vorteil der verbrauchs-gesteuerten Disposition im Rahmen der (s,S)-Bestellpolitik in der einfachen Handhabung liegt, da keine umfangreichen Daten notwendig sind. Kritisch ist es hingegen zu bewerten, dass der zukünftige Wareneingang nicht durch die aufgezeigte Dispositionsmethode abgebildet wird, was zu einem negativen Lagerbestand in von SAP führt. Weiter ist anzumerken, dass Die Berechnungsverfahren im Rahmen der Bedarfsverläufe eher kompliziert schwer durchschaubar sind. Dennoch können die theoretischen Modelle der Bestellregeln einen wichtigen Schritt dahingehend darstellen, Planungsabläufe in der Realität zu optimieren, da sie der Unternehmung ein Rahmenwerk für unterschiedliche Beschaffungsstrategien bieten.

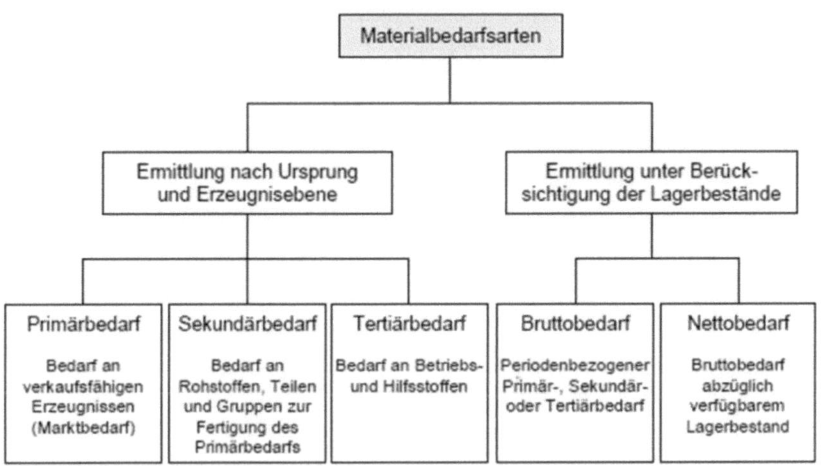

Abb. 10: Zusammenstellung der Materialbedarfsarten (vgl. Hartmann, 2002, S.78)

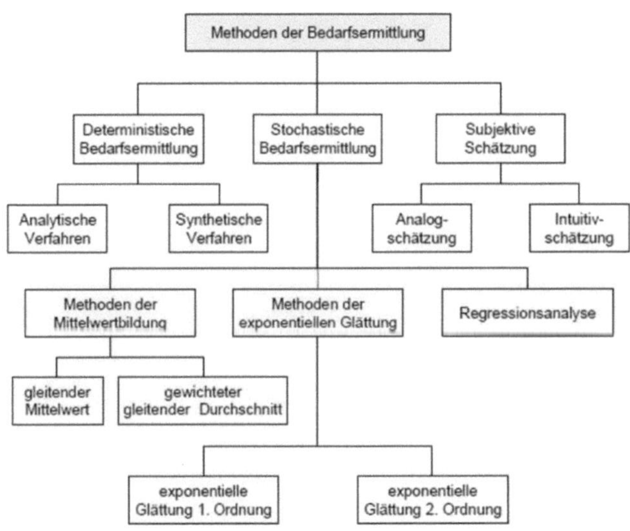

Abb. B.9   Methoden der Bedarfsermittlung (Quelle: Hartmann, 2002, S. 284)

Abb. 11: Methoden der Bedarfsermittlung (vgl. Hartmann, 2002, S.284)

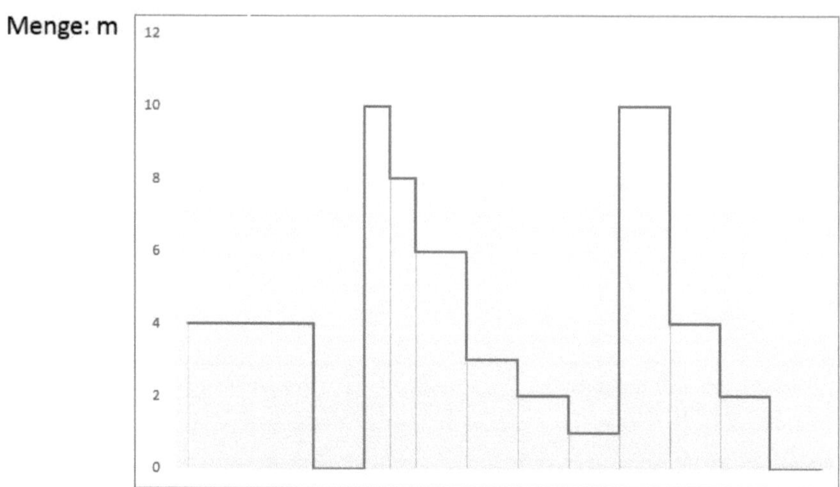

Abb. 12: Anlehnung an einen praxisnahen (s,S)-Bedarfsverlauf in Treppenform

Literaturverzeichnis

Adam, Dietrich: Produktionsmanagement, 9. Aufl., Gabler-Verlag, Wiesbaden, 1998.

Arnolds, Hans; Heege, Franz; Tussing, Werner: Materialwirtschaft und Einkauf: Praxisorientiertes Lehrbuch, 10. Aufl., Gabler Verlag, Wiesbaden, 1998.

Behrendt, Wernher: Die Logistik der multinationalen Unternehmung. Eine systemorientierte und verhaltenswissenschaftliche Analyse. Diss. Berlin, 1977.

Bichler, Klaus; Krohn, Ralf: Beschaffungs- und Lagerwirtschaft, 8. Aufl., Gabler-Veralg, Wiesbaden, 2001.

Browne, Jimmie; Harhen, John; Shivnan, James: Production Management Systems/ A CIM Perspective, Addison Wasley, Great Britain, 1988

Dogan, Dino Ivan Strategisches Management der Logistik. Der logistische Kreis als Antwort auf die neuen logistischen Herausforderungen "Umweltschutz" und "Zeit". Frankfurt a. M. u. a. 1994.

Ehrmann, Harald: Logistik, 5. Aufl., NWB-Verlag, Herne, 2005.

Ehrmann, Harald: Logistik, 6. Aufl., NWB-Verlag, Herne, 2008.

Eversheim, Walter; Schuh, Günther (Hrsg.): Produktion und Management: Betriebshütte, 7. Aufl., Springer-Verlag, Berlin, 1996.

Gulyássy, Ferenc; Hoppe, Marc; Köhler, Oliver; Vithayathil, Binoy: Disposition mit SAP. Funktionen und Customizing in SAP ERP und SAP SCM, 2.Aufl., SAP PRESS, Bonn, 2014

Gotzel, Christian: MRP zur Materialplanung für Kreislaufprozesse: Optimierung von Absicherungsstrategien gegen Bedarfs- und Versorgungsrisiken, 1. Aufl., Gabler-Verlag, Wiesbaden, 2010.

Greiner, Ernst: SAP-Materialwirtschaft - Customizing (SAP PRESS), 1. Aufl., Galileo Press, Bonn, 2012.

Grochla, Erwin: Materialwirtshaft. Grundlagen der Materialwirtschaft, 3. Aufl.Wiesbaden,

Hachtel, Günther, Holzbaur, Ulrich: Management für Ingenieure: Technisches Management für Ingenieure in Produktion und Logistik, 1. Aufl., Vieweg+Teubner, Wiesbaden, 2010.

Hammann, Peter.; Palupski, Rainer: Bestellpolitik, in: : Bloech, Jürgen.; Ihde, Gösta (Hrsg.): Vahlens Großes Logistik Lexikon, Wiesbaden, 1997, S.88-90.

Hartmann, Horst: Materialwirtschaft / Organisation, Planung, Durchführung, Kontrolle, 8. überarb. u. erw. Aufl., Deutscher Betriebswirte-Verlag, Gernsbach, 2002.

Heisig, G.: , Planning Stability in Material Requirements Planning Systems, Springer-Verlag, Berlin/Heidelberg, 2002.

Hesseler, Martin; Görtz Marcus: Basiswissen ERP-Systeme: Auswahl, Einführung & Einsatz betriebswirtschaftlicher Standardsoftware, 1.Aufl., W3l, Herdecke/Witten, 2007.

Hompel, Michael, Schmidt, Thorsten: Warehouse Management: Organisation und Steuerung von Lager- und Kommissioniersystemen, 4. Aufl., Springer-Verlag, Berlin, 2010.

Hopp, Wallace J. ;Spearman, Mark L.: Commissioned Paper To Pull or Not to Pull: What Is the Question? In: Manufacturing & Service Operations Management 6(2): S.133-148.

Isermann, Heinz: Grundlagen eines systemorientierten Logistikmanagements. In: Isermann, Heinz. (Hrsg.): Logistik: Gestaltung von Logistiksystemen. 2. überarb. und erw. Aufl. Landsberg a. L., 1998, S. 21-60.

Kapoun, J.: Logistik – ein moderner Begriff mit langer Geschichte. In: Zeitschrift für Logistik 2 (1981) Nr. 3. Landsberg 1981, S. 123-127.

Kluck, Dieter: Materialwirtschaft und Logistik, 3. überarb. Aufl., Schäffer-Poeschel Verlag, 2008.

Kurbel, Karl: Produktionsplanung und -steuerung: methodische Grundlagen von PPS-Systemen und Erweiterunge, 5.Aufl., Oldenbourg-Verlag, München, Stuttgart, 2003.

Kurbel, Karl: Enterprise Resource Planning and Supply Chain Management – Functions, Business Processes and Software for Manufacturing Companies, Springer-Verlag, Berlin, 2013.

Liesegang, Dietfried: Lagerhaltungsstrategien, in: Bloech, Jürgen.; Ihde, Gösta (Hrsg.): Vahlens großes Logistiklexikon, München, 1997, S.497-499.

Oeldorf, Gerhard; Olfert, Klaus: Materialwirtschaft, 12. Aufl., NWB Verlag, Herne, 2008.

Oeldorf, Gerhard; Olfert, Klaus: Material-Logistik, 13. Aufl., NWB Verlag, Herne, 2013.

Pfohl, Hans-Christian: Logistiksysteme: Betriebswirtschaftliche Grundlagen, 7., korr. u. aktualisierte Aufl., Springer-Verlag, Berlin, 2004.

Pfohl, Hans-Christian: Marketing-Logistik. Gestaltung, Steuerung und Kontrolle des Warenflusses im modernen Markt, 1. Aufl., Distribution-Verlag, Mainz, 1972.

Pfohl, Hans-Christian: Logistiksysteme: Betriebswirtschaftliche Grundlagen, 8. neu bearb. u. aktual. Aufl., Springer-Verlag, Berlin, 2010.

SAP Community Network; Rao, Ramagiri Srinivas: CBP - Manual Reorder Point Planning, 14.03.2014, http://scn.sap.com/docs/DOC-53341. Zugriffsdatum: 01.10.2015.

SAP Help Portal: Material Requirements Planning, http://help.sap.com/erp2005_ehp_07/helpdata/en/80/2eb853dcfcb44ce10000000a174cb4/frameset. htm, Zugriffsdatum: 01.10.2015.

SAP Help Portal: Consumption-Based Planning, http://help.sap.com/saphelp_erp60_sp/helpdata/en/f4/7d255644af11d182b40000e829fbfe/content. htm, Zugriffsdatum: 03.10.2015.

SAP Help Portal: Reorder Point Planning, http://help.sap.com/saphelp_erp60_sp/helpdata/en/f4/7d256344af11d182b40000e829fbfe/content. htm, Zugriffsdatum: 03.10.2015.

Schiemenz, Bernd; Schönert, Olaf: Entscheidungen und Produktion, 3. Aufl., Oldenburg Verlag, München, 2005.

Schuh, Günther (Hrsg.); Schmidt, Carsten: Produktionsmanagement: Handbuch Produktion und Management 5, 2. vollst. neu bearb. u. erw. Aufl., Springer-Verlag, Berlin, 2014.

Schulte, Gerd: Material- und Logistikmanagement, 2. wesentlich erw. u. verb. Aufl., Oldenburg Verlag, München/Wien, 2001.

Schumacher, Stephan: PPS-Systeme für Unternehmen der Klein- und Mittelsserienfertigung, Physica-Verlag, Heidelberg, 1994.

Stahlknecht, Peter; Hasenkamp, Ulrich: Einführung in die Wirtschaftsinformatik, 11.Aufl., Springer-Verlag, Berlin, 2005.

Wallace, Thomas F.; Kremzar, Michael H.: ERP: Make it happen: The Implementers' Guide to Success with Enterprise Resource Planning, 1. Aufl., John Wiley & Sons, New York, 2001.

Wannenwetsch, Helmut: Integrierte Materialwirtschaft und Logistik: Beschaffung, Logistik, Materialwirtschaft und Produktion, 4. Aufl., Springer-Verlag, Wien, 2010.

Wannenwetsch, Helmut : E-Supply-Chain-Management: Grundlagen - Strategien - Praxisanwendungen. Verlag-Gabler, Wiesbaden, 2002.

Wannenwetsch, Helmut: Integrierte Materialwirtschaft und Logistik: Beschaffung, Logistik, Materialwirtschaft und Produktion, 4.Aufl., Springer-Verlag, Berlin/Heidelberg, 2009.

Wenzel, Paul: Betriebswirtschaftliche Anwendungen mit SAP R/3: Eine Einführung inklusive Customizing, ABAP/4, Accelerated SAP (ASAP), Projektsystem (PS)(Edition Business Computing), 1. Aufl., Vieweg-Verlag, Braunschweig/Wiesbaden, 2001.

Witte, Thomas: Materialbedarfsplanung. In: Kern, Werner ; Schröder, Hans-Horst; Weber, Jürgen: Handwörterbuch der Produktionswirtschaft. S.1168-1183. 2. Aufl. Stuttgart: Schäffer-Poeschel, 1996.

Zäpfel, Günther: PPS (Produktionsplanung und -steuerung). In: Kern, Werner; Schröder, Hans-Horst ; Weber, Jürgen: Handwörterbuch der Produktionswirtschaft.1391-1405. 2. Aufl. Stuttgart: Schäffer-Poeschel, 1996.

BEI GRIN MACHT SICH IHR WISSEN BEZAHLT

- Wir veröffentlichen Ihre Hausarbeit,
  Bachelor- und Masterarbeit

- Ihr eigenes eBook und Buch -
  weltweit in allen wichtigen Shops

- Verdienen Sie an jedem Verkauf

Jetzt bei www.GRIN.com hochladen
und kostenlos publizieren